EXTRAIT

DE LA

NÉCROLOGIE

CONTEMPORAINE

SOUS LA DIRECTION

DE

M. D'AURIAC

PARIS

14, RUE DES SAINTS-PÈRES, 14

[illegible]

DE LAS CASES

Marquis de Las Cases (Sainte-Hélène), comte et sénateur de l'empire, membre du conseil général de Maine-et-Loire, commandeur de la légion d'honneur, etc., etc., mort a Passy (Seine), le 8 juillet 1854.

De Las Cases (Emmanuel-Pons-Dieudonné), né à Saint-Meen (Finistère), appartenait à une ancienne famille du midi de la France qui doit ses armes, sa devise et même son nom aux prodiges de valeur d'un de ses auteurs, porte-guidon du comte Henri de Bourgogne lorsqu'il alla fonder en 1089 le royaume de Portugal.

Les historiens Remesal, Echard, Guetif, Clavijo de Veira et Ocariz en parlent, disant qu'elle s'établit à Séville et qu'elle était issue d'antique noblesse française. Cette branche espagnole, dite Las Casas, se distingue par les services éminents de Guillaume de Las Casas sous Henri de Transtamare, et par le titre de roi et seigneur des îles Canaries qu'il obtint de Jean II, par cédule royale en 1430.

En 1440 Monzo de Las Casas donne en mariage sa fille Isabelle et tout son immense héritage à Pierre d'Acuna Tellez Giron, duc d'Ossone, dont le frère, le célèbre d'Acuna Pacheco, duc d'Escalone, fut le chef des Porto-Carrero et des comtes de Montijo. Cette descendance devait s'énorgueillir un jour de compter parmi ses membres S. M. Eugénie impératrice des Français.

Le mariage d'Isabelle qui porte dans une famille étrangère ses riches possessions explique suffisamment la fortune modeste du protecteur universel des Indiens, le vertueux Barthélemy de Las Casas, évêque de Chiapa.

D'un autre côté, dès le XIIe siècle, Charles de Las Cases suit Blanche de Castille en France et vient, avec la permission du roi de Castille, dans le Bazadois et l'Agénois rendre à son berceau primitif une famille dont plus tard la branche aînée, dite de Belvèze, s'est fixée dans le Languedoc et la branche cadette, dite de Roquefort, dans le Quercy. Cette famille, dont les armoiries ont été de droit admises dans la salle des Croisades à Versailles, a depuis 1200 une suite non interrompue d'aïeux.

Emmanuel, élevé dans les principes de juste raison et de saine liberté, ne se souvenait de sa noble origine que pour se rendre digne du nom qu'il portait. Sa vie est toute en germe dans celle de son père le comte (Auguste-Emmanuel-Dieudonné) de Las Cases. Celui-ci avait vingt ans au moment de la révolution. Il venait d'être fait lieutenant de vaisseau; sa famille était à la cour, lui-même y avait été présenté, l'avenir s'ouvrait donc brillant devant lui, lorsque les premiers troubles éclatèrent. Conduit par de nobles préjugés, entraîné, surtout par un penchant naturel aux résolutions généreuses, il courut combattre auprès des Princes. Cette armée, bientôt défaite sur les frontières, fut licenciée et dissoute. Il n'eut alors d'autre ressource que de passer en Angleterre. C'est là que lui vint la première idée de son *Atlas historique*, admirable ouvrage, source pour lui de la plus belle des fortunes, celle qui s'acquiert par le talent. Après le traité d'Amiens et l'amnistie du premier Consul, il rentra en France, subjugué par ce génie dont la main puissante avait calmé l'orage et ramené l'ordre et la prospérité dans la patrie. Il s'était remis avec ardeur au travail, lorsque poussé par une ardeur juvénile il alla comme volontaire à la défense de Flessingue, envahie par les Anglais. A son retour, l'Empereur le nomma chambellan, puis conseiller d'État. A cette époque se succédèrent pour lui des missions de confiance; il fut envoyé en Hollande pour y recevoir les objets relatifs à la marine, en Illyrie pour y liquider la dette publique, et dans la moitié de l'Epire pour inspecter les établissements de bienfaisance. Au siége de Paris il commandait une légion qui combattit vaillamment; aussitôt après la capitulation il se démit de son commandement. Il repoussa toutes les offres qui lui furent faites par ses anciens amis pour reprendre du service sous Louis XVIII et alla passer quelques mois en Angleterre, lorsqu'il revint, Napoléon avait débarqué !... — Le comte de Las Cases se trouvait de service auprès de l'Empereur au moment de l'abdication, et quand il fut question de son éloignement, il demanda à partager ses destinées, il s'embarqua avec lui sur le *Bellérophon* et passa dans l'intimité du grand homme la première année de son séjour à Sainte-Hélène. Enlevé brutalement par sir Hudson-Lowe, il fut renfermé et mis au secret pendant plusieurs semaines, puis envoyé au Cap et enfin en Europe où sa première occupation fût d'écrire à tous les souverains, pour leur dévoiler le martyre du prisonnier de Sainte-Hélène. Rentré en France après la mort de Napoléon, il publia son touchant, intéressant et véridique *Mémorial de Sainte-Hélène*, l'ouvrage le plus populaire qui ait paru de nos jours. En 1830, lorsque le drapeau tricolore flotta sur Paris, il quitta pour la première fois depuis son retour, sa solitude de Passy et vint saluer ces glorieuses couleurs. Il fut nommé deputé et eut le bonheur d'assister à la translation des cendres de l'Empereur. On eût dit qu'il attendait pour quitter la vie l'accomplissement du dernier désir de son auguste maître.... Il mourût en 1842 laissant à ses enfants le souvenir et l'exemple de la vie la plus pure, la plus noble, la plus chevaleresque.

De tels exemples avaient tracé la route que devait suivre le jeune de Las Cases. Elève du lycée impérial (collége Louis-le-Grand) lors de l'invasion étrangère, il fut du nombre des jeunes volontaires de ce lycée qui formèrent une compagnie d'artillerie. Vers la fin des Cent-Jours il fut nommé page. Lorsque l'empereur s'embarqua pour Sainte-Hélène deux pages l'accompagnaient, M. Sainte-Catherine d'Odiffredi et Emmanuel de Las Cases. Le comte de Las Cases avait été déjà choisi par l'empereur pour compagnon d'exil ; Emmanuel fut désigné pour le suivre en qualité de page.

Il avait seize ans quand il obtint la faveur de partager une des plus illustres infortunes signalées par l'histoire. Napoléon disait que : « *vu son âge, cette circonstance de Sainte-Hélène était sans prix pour le reste de sa vie.* » Son âme, si jeune encore, devait, en effet, vite se mûrir au contact de tant de grandeur déchue. Aussi, écrivit-il plus tard, en peignant les impressions que la vue de Sainte-Hélène réveillait en lui : « *Cette époque à elle seule est presque toute ma vie. Après elle le reste n'est plus rien pour moi; ce que j'ai vu là de grand a fait que je suis resté sans illusion pour tout le reste.* »

Pendant la traversée le comte de Las Cases avait commencé à écrire sous la dictée de l'empereur ses immortels mémoires; mais sa vue s'étant affaiblie, arrivé à Sainte-Hélène il ne put continuer ses fonctions de secrétaire; son fils le remplaça. L'empereur dictait très-rapidement, Emmanuel mettait ordinairement trois heures, en écrivant vite, à copier ce qu'il lui avait dicté en une heure. Tous les jours le travail était soumis à l'empereur qui le relisait, le retouchait, le *ribottait*, suivant son expression, jusqu'à ce que la composition lui parut aussi simple, aussi claire, aussi précise que possible. Parfois le même morceau était dicté deux ou trois fois. Le jeune Las Cases écrivit ainsi la fin de la campagne de 1796, celle de 1797, plusieurs morceaux détachés sur le gouvernement du Directoire, un plan détaillé pour l'organisation de l'Italie et la réunion des divers Etats de la Péninsule en un seul royaume, etc., etc.

L'empereur lui témoignait une affection toute paternelle; il l'appelait habituellement « mon fils, » le plus souvent en anglais « my son, » le tutoyait et parfois il lui donna des leçons de mathématiques, d'histoire et de géographie. Peu à peu il lui témoigna une confiance plus grande et finit par la lui accorder tout entière. Voici comment le comte de Las Cases raconte dans le journal qu'il écrivait en allant recueillir les cendres de ce grand homme, la circonstance de laquelle il fait dater la confiance dont il l'honorait:

« Nous habitions Longwood depuis environ quelques mois, lorsque
» arriva une circonstance toute particulière que mon père n'a pas cru
» devoir confier au papier. Il s'agissait d'un projet d'évasion qui avait
» les plus grandes chances de réussite. Après l'avoir discuté avec mon
» père, l'empereur refusa de le tenter; mais il profita de cette occasion
» pour envoyer quelques lettres en Europe. L'état des yeux de mon
» père lui rendait le travail impossible; il proposa de me faire appe-
» ler: « Mais... êtes-vous sûr de lui? » dit l'empereur. Je vins, ne
» sachant de quoi il s'agissait; je trouvai préparée une petite table autre
» que celle sur laquelle j'écrivais habituellement; j'y étais établi tenant
» la plume, lorsque l'empereur, en robe de chambre, s'avança en face
» de moi, m'approchant de très-près, et me regarda fixement avec cet

» œil que je ne lui avais pas encore vu. Il me sembla que son regard
» me pénétrait et que j'éprouvais une espèce d'action. « *Jeune homme,*
» dit-il d'une voix sévère, *je vous mets dans ma confiance, qu'il ne soit*
» *pas dit, etc., etc...* » Je fis une inclination de tête, puis il commença
» à dicter. Les premières lignes ne tardèrent pas à m'expliquer ce qui
» venait de se passer. A partir de ce jour, j'ai pu voir qu'il causait
» devant moi avec mon père comme si je n'avais pas été présent. J'ai
» regardé comme la suite de la confiance donnée alors l'article de son
» testament : « *Nous nommons le comte de Las Cases et à son défaut son*
» *fils, et à son défaut le général Drouot, trésorier.* » Dans son huitième
» codicile, il disait seulement : « *J'institue MM.* *** , *exécuteurs testa-*
» *mentaires, et Las Cases ou son fils, trésorier.* »

Le jeune Las Cases pénétrait tous les jours davantage dans l'intimité de l'empereur; il l'accompagnait à cheval dans ses promenades, était admis à sa table et lui servait parfois de lecteur, lorsque sir Hudson Lowe résolut de paralyser un dévoûment qui contrariait ses instincts de haine impitoyable. Sous prétexte d'une correspondance illicite entretenue par le père et écrite par le fils, ils furent tous deux brutalement enlevés, jetés au secret, traînés au Cap, en Angleterre, en Belgique. Emmanuel, après avoir vainement sollicité du gouvernement anglais la permission de rejoindre l'empereur à Sainte-Hélène, obtint en 1819 celle de rentrer en France sous un nom supposé. Le nom de Las Cases réveillait de trop dangereux et de trop sympathiques souvenirs, il était mis au ban de la Sainte-Alliance.

Il commença son droit à la faculté de Strasbourg et vint le finir à Paris, où il fut reçu licencié. Se sentant peu de vocation pour le barreau, il se livra à l'étude de diverses sciences, telles que la physique, la chimie, la médecine; il étudia surtout avec ardeur les sciences politiques et prit une part active au mouvement qui amena la chûte des Bourbons.

Cependant sa pensée prédominante, qu'explique assez le culte qu'il avait voué à Napoléon, fut de faire expier à sir Hudson Lowe les outrages dont il avait empoisonné la vie du grand exilé. Il était malade au moment où il fut enlevé et déporté au Cap, le docteur O'Meara essaya vainement d'obtenir un sursis : « Eh, monsieur! répondit le gouverneur avec colère, que fait après tout à la politique la mort d'un jeune homme ? » M. Hudson Lowe se rappelait sans doute que ce jeune homme lui avait dit un jour : « Monsieur, les mauvais traitements que » vous m'infligez sont abominables, toutefois vous êtes ici le maître » et je ne puis que me soumettre ; mais si jamais nous nous retrou- » vons dans un pays libre il faudra bien que vous rendiez vos comptes. » Cela veut dire que vous aurez ma vie ou que j'aurai la vôtre. » Proposer un duel à un lâche geôlier, quel naïf courage ! Hudson Lowe avait ri et haussé les épaules, mais il se souvenait. Emmanuel de Las Cases se souvenait aussi. Lorsque le héros martyr eut râlé son dernier soupir sous le regard de l'infâme bourreau, celui-ci se rendit en Europe pour recevoir le prix de son œuvre. La Sainte-Alliance lui préparait un triomphe, mais la porte des honnêtes gens lui fut fermée, les huées des peuples l'accueillirent, et le jeune Las Cases ajouta une dernière honte à son opprobre : il flétrit sa joue du stigmate le plus indélébile qui puisse frapper un soldat.

En octobre 1822, Emmanuel de Las Cases débarquait à Londres ; il avait fait demander à Hudson Lowe s'il se rappelait la parole donnée à Sainte-Hélène et s'il accepterait un cartel, que l'heure était venue ; celui-ci répondit que non ! qu'il n'avait de compte à rendre qu'à son gouvernement. Il consulte pour savoir quelle conduite il devait tenir ; le guette pendant plusieurs jours et l'aperçoit enfin, sortant de sa maison pour monter dans un fiacre ; de Las Cases croise son chemin à pas précipités et sir Hudson Lowe le heurte violemment : — « Vous m'avez insulté, monsieur, et vous m'en rendrez raison ! » s'écrie-t-il en le touchant à l'épaule d'une cravache qu'il avait à la main : Hudson Lowe relève la tête, pâlit, se trouble, paraît hésiter ; puis, sans mot dire, s'élance, son parapluie en avant, sur Las Cases qui pare le coup et le frappe au visage.

Un rassemblement s'était formé avant même la sortie de Hudson Lowe ; en voyant un français frapper un de leurs compatriotes, les curieux sont prêts à prendre parti pour ce dernier : « Cet homme, s'écrie alors M. de Las Cases, est sir Hudson Lowe, il a insulté mon père et je viens lui en demander satisfaction. » Il suffit de quelques mots pathétiques énergiquement jetés à la foule pour éveiller en elle les plus nobles élans, un gros gentleman presse Las Cases dans ses bras en s'écriant : « Vous avez bien fait, jeune homme ! un fils doit venger son père. » Les applaudissements éclatent, sir Hudson Lowe se sauve dans son fiacre, crie au cocher de partir et se rend chez un magistrat requérir l'arrestation de Las Cases et sa traduction devant le jury *comme coupable de l'avoir poursuivi et attaqué avec violence en raison de ses actes comme fonctionnaire public.*

De Las Cases avait jeté une carte dans la voiture de sir Hudson Lowe et en avait remis poliment une autre à sa maison. La plainte portée contre lui avait besoin d'être appuyé par la déposition de deux témoins, sir Hudson Lowe ne put en trouver qu'un seul, le cocher du fiacre. Le magistrat qui reçut la plainte et signa le mandat d'arrêt, fit aussitôt prévenir M. de Las Cases de ce qui se passait. Il resta encore sept jours à Londres, changea trois fois de résidence en ayant soin chaque fois d'envoyer sa nouvelle adresse à sir Hudson Lowe et partit enfin sur l'avis que lui fit donner un haut personnage, de partir sans même attendre au lendemain. Au moment de s'embarquer sous un nom supposé il fut reconnu par un douanier qui loin de lui nuire aida à son évasion.

Arrivé à Paris, il écrivit à sir Hudson Lowe la lettre suivante :

« Paris, le 12 novembre 1822.

» Monsieur,

» Je vous ai écrit au moment de quitter l'Angleterre pour vous dire que » si vous désiriez satisfaction, j'étais prêt à aller vous rencontrer sur » quelque endroit qu'il vous plairait de désigner. Comme je pense que » vous ne pouvez vous dispenser de me demander cette satisfaction, je » vous réitère mes offres. J'ajoute même que je suis prêt à retourner en » Angleterre si vous m'engagez votre parole d'honneur que vous ne ferez » pas usage contre moi des voies judiciaires. Toute lettre que vous m'a- » dresserez sous le couvert de mon père me sera fidèlement remise par » son secrétaire en quelque endroit que je me trouve.

» *Signé* : EMMANUEL DE LAS CASES. »

Cette lettre reste sans réponse. En 1825, l'ancien gouverneur de Sainte-Hélène vint à Paris, la manière dont il fut reçu même par la Cour, lui prouva assez qu'elle estime on faisait de sa personne et de son caractère. Emmanuel de Las Cases s'empressa de lui porter son adresse et de se mettre à sa disposition. Sir Hudson Lowe ne répondit pas. Mais un soir du mois de novembre, à neuf heures environ, comme il sortait de la maison de son père qui habitait Passy, un homme s'élança sur lui, au détour d'une rue déserte, le saisit et lui porta deux ou trois coups de poignards en pleine poitrine. Un portefeuille bourré de papiers, amortit les coups et lui sauva la vie. Légèrement blessé, il se débarrasse de son assassin, le jette par terre, et, se relevant vivement, tâche de dégaîner une canne à épée, qu'il portait depuis l'arrivée de Hudson-Lowe. La lame était rouillée, et au moment où il est parvenu à la tirer du fourreau, un autre assassin appelé par le premier dans une langue étrangère, fond sur lui, Las Cases s'élance pour le recevoir et le blesse à l'épaule; dans ce mouvement, soit que son pied eut glissé, soit que le premier assassin l'eût retenu par son manteau, il fait un faux pas et tombe dans une ornière pleine de boue. Quand il se releva les trois hommes avaient disparu. Il avait reçu trois profondes blessures qui le retinrent pendant six semaines au lit.

La police ordinairement si habile ne put fournir aucun renseignement au magistrat chargé de poursuivre un si lâche guet-apens. La presse et l'opinion en accusèrent hautement Hudson-Lowe, qui répondit qu'il resterait et provoquerait lui-même une enquête, et partit immédiatement pour l'Allemagne.

Cette provocation que nous avons raconté un peu longuement, parce qu'elle attira alors l'attention générale, fut sévèrement jugée par un certain monde qui, ne pouvant en nier le côté chevaleresque, l'attribua à une effervescence irréfléchie de jeune homme. Ce fut un acte accompli après de longues et mûres réflexions, et après avoir pris les conseils des légistes du pays sur lequel il allait s'accomplir; sir Hudson-Lowe n'était ainsi appelé devant le jugement de Dieu que parce que nul tribunal humain ne pouvait connaître de ses crimes. La main d'un honnête homme pouvait seule les punir ou les flétrir, à l'histoire appartenait le soin de les juger.

Emmanuel de Las Cases s'était préparé par de fortes études à la vie politique; mais quelque ardent qu'il fût à faire prévaloir les idées larges et libérales dont il avait senti les germes se développer pendant les jours qu'il avait passés dans l'intimité de l'Empereur, il se refusa toujours à prendre part à des menées occultes, à faire partie de Sociétés secrètes si nombreuses alors, pensant que dans un pays qui jouit d'une presse et d'une tribune, toutes les réformes doivent être demandées par la parole et obtenues au grand jour. Il adressa en 1828 une pétition à la chambre pour demander que l'âge des électeurs fut fixé à vingt-cinq ans, et celui des éligibles à trente, et appuya sa pétition d'une brochure intitulée *de l'éligibilité et des éligibles*, qui annonçait des études sérieuses et des vues généreuses d'amélioration sociale.

En lisant les ordonnances de Juillet 1830, Emmanuel de Las Cases comprit que le gouvernement des Bourbons venait de signer sa déchéance. Il combattit pendant les trois journées, signa un des premiers à l'Hôtel-de-Ville quelques actes d'urgence, réclama des députés réunis chez M. Laffite la création d'une commission provisoire de Gouvernement, servit d'aide-de-camp au général Gérard, fit arborer le drapeau tricolore au palais Bourbon, sur la colonne Vendôme, à l'Hôtel des Invalides, et fût à Vincennes négocier et recevoir la soumission des troupes qui y étaient casernées. Le maréchal Gérard lui fit donner la croix de la Légion-d'honneur en récompense de ses services. Tant qu'il crut pouvoir être utile à son pays encore troublé par la révolution, il déclara qu'il accepterait les fonctions n'importe de quelle nature qu'on voudrait bien lui confier, mais lorsqu'un nouvel état de choses fût fondé, il refusa différents postes qui lui furent offerts dans la haute administration et se présenta aux électeurs du Finistère qui le nommèrent presqu'à l'unanimité. En entrant à la Chambre il fut le plus jeune député. Il comprit bientôt que la politique du Cabinet Laffitte amènerait la guerre, il avait pu juger pendant son séjour auprès du maréchal Gérard, combien était mauvaise et faible alors notre organisation militaire, il se rangea dans les rangs de l'opposition. Il fit partie de la réunion Lointier et ce fût sous sa présidence qu'on y élabora le projet de loi qui devait abaisser le cens de l'éligibilité à deux cents francs. Il prit une part active aux travaux de la Chambre, proposa un projet de loi sur l'instruction primaire qui détermina le Gouvernement à présenter celui qui devint plus tard la loi de 1833, combattît, mais en vain, la loi sur la garde nationale, en démontrant l'absurdité qu'il y avait à armer six millions d'individus pour garder les deux millions qui restaient; il parla sur la contribution personnelle et mobilière, et se prononça contre l'hérédité de la pairie. Partisan du progrès pacifique et raisonné, il condamna les insurrections et paya de sa personne, lors de l'échauffourée des 5 et 6 juin 1832.

A la fin de la session, il publia le compte rendu de ses travaux législatifs et sollicita de nouveau le suffrage des électeurs du Finistère, qui le réélurent à une grande majorité et lui ont constamment renouvelé son mandat jusqu'en 1848. Avec le ministère Laffitte avait cessé son opposition systématique; il ne se rangea sous la bannière d'aucun parti et conserva l'entière liberté de sa parole et de son vote ne prenant pour guide que sa conscience. Cette conduite, seule digne d'un honnête homme, était peu capable de lui attirer les sympathies des partis rompus à la stratégie parlementaire et habitués à compter pour bien peu dans leurs évolutions autour des ministères, l'indépendance des opinions et des votes.

Nommé en 1837 ministre plénipotentiaire auprès du gouvernement d'Haïti, pour étudier et rendre compte de la question d'indemnité, en suspens depuis douze ans, et devant laquelle avaient échoué quatre négociateurs; il fit preuve d'une grande habileté et sa mission fut couronnée d'un plein succès. A son retour, le gouvernement lui offrit en récompense de ses services un poste permanent dans la diplomatie, il le refusa, de même que les fonctions de conseiller d'Etat en service ordinaire, pour n'accepter que celles de conseiller d'Etat en service extraordinaire, fonctions purement gratuites, qui lui permettaient de conserver toute son indépendance vis-à-vis du pouvoir. M. le comte Molé, président du Conseil, lui écrivait à cette occasion, le 20 mai 1838 :

« Monsieur le baron,

» Votre rare désintéressement vous ayant fait préférer les fonctions
» gratuites de conseiller d'Etat en service extraordinaire aux fonctions
» rétribuées du service ordinaire, le roi vient de vous nommer conseiller
» d'Etat en service extraordinaire. Je laisse à M. le garde-des-sceaux le
» soin de vous annoncer d'une manière officielle ce témoignage de la
» satisfaction de Sa Majesté pour le nouveau service que vous venez de
» rendre à son gouvernement et à la France. »

» *Signé* : Molé. »

En 1839, M. Véron, le spirituel auteur des *Mémoires d'un bourgeois*, voulut entrer dans le monde politique officiel en se faisant élire par le collége de Brest. M. Odilon Barrot et M. Thiers patronèrent cette candidature. M. Barrot crut devoir introduire dans une de ses circulaires aux électeurs de Brest une phrase des plus calomnieuses à l'égard d'Emmanuel de Las Cases : celui-ci répondit aussitôt par une lettre envoyée à ses commettants, et que nous regrettons de ne pouvoir reproduire, dans laquelle il résume sa carrière parlementaire, explique ses principes et met à nu les mobiles qui ont fait agir M. Odilon Barrot, en les faisant juges entre lui et son adversaire. Leur décision ne se fit point attendre, de Las Cases fut élu à la presque unanimité.

En 1840, le gouvernement de Louis-Philippe voulant retrouver un peu de popularité, et peut-être détourner l'attention des intrigues parlementaires, en donnant un aliment au sentiment national, négocia auprès du gouvernement anglais le retour en France des cendres de l'empereur. Emmanuel de Las Cases fit partie de l'expédition et en publia une relation touchante, témoignage de la vivacité toujours nouvelle d'impressions reçues à vingt-quatre ans de distance et dont la puissante influence s'est fait sentir dans tout le cours de sa vie.

Homme austère et probe, d'un désintéressement exemplaire, ami passionné du bien public, Emmanuel de Las Cases s'éloigna du gouvernement de Juillet à mesure que la corruption devint le pivot de plus en plus apparent du rouage administratif. En 1839, il repoussa violemment la coalition qu'il considérait avec raison comme une des monstruosités les plus indignes qu'aient pu produire l'intrigue et la corruption; il n'eut plus à partir de cette époque que bien peu de rapports avec le gouvernement, et refusa la pairie qui lui fut offerte à quatre différentes reprises. Néanmoins, il fut un des derniers à rester à son poste quant la révolution de Février renversa d'un souffle l'édifice dont il avait dès longtemps prévu la ruine. M. de Lamartine, dans son *Histoire de la révolution de Février*, en racontant la disparution des députés du centre lors de l'envahissement du Palais-Bourbon par la multitude armée, apprécie en ces termes la conduite courageuse de M. de Las Cases : « Un certain nombre d'hommes intrépides, parmi lesquels on remarque M. Emmanuel de Las Cases, cœur ferme dans un faible corps, etc. »

Il quitta alors la vie publique jusqu'à ce que la volonté nationale replaça sur le trône l'héritier de celui auprès duquel, à peine adolescent, il avait puisé ces principes de justice, de raison et de dévoûment dont il ne s'était pas départi jusqu'à la fin de sa vie. Nommé membre du Sénat, il apporta son concours à l'œuvre de réédification entreprise par Napoléon III.

Il venait d'assurer le bonheur de son foyer lorsqu'une cruelle maladie l'emporta, jeune encore et riche d'avenir, quelques jours à peine après son union avec Mlle de Sevret, fille d'un colonel parti volontaire en 92 et licencié après les Cent-Jours.

Ses funérailles furent célébrées à Passy, le 28 juin 1854. M. le comte Boulay de la Meurthe, ancien vice-président de la République, M. Belmontet, membre du Corps législatif prononcèrent sur sa tombe les dernières paroles d'adieu. Les communes du département de Maine-et-Loire, habituées à recevoir ses bienfaits, voulurent témoigner leur deuil et leur reconnaissance en célébrant à son honneur des services funèbres. Le préfet du département en ouvrant la session du Conseil général, déplora la perte que le Conseil, le Sénat et le pays venaient de faire.

Emmanuel de Las Cases avait créé à Chalonnes, dans le département de Maine-et-Loire, un établissement industriel qui répandait l'aisance dans la contrée. La noblesse et la loyauté de son caractère, son affabilité et sa bienfaisance y faisaient respecter et chérir son nom, il fut nommé membre du Conseil général du département, et les deux sessions pendant lesquelles il prit part aux travaux de cette assemblée avaient suffi pour faire apprécier les services qu'il pouvait y rendre.

Homme d'affaires habile, probe, rigide, grand travailleur, il joignait une élocution nette et facile, à une instruction profonde. Ami du bien public et d'un désintéressement extrême, il à vécu, disait-il, d'après les principes qu'il avait puisés à Sainte-Hélène auprès de l'Empereur. Profondément religieux, il traçait ces lignes dans son testament écrit par lui-même, huit heures avant sa mort : « *Je supplie mon bien-aimé frère, de faire élever ses enfants dans les principes religieux et la connaissance de Dieu, qui ont fait par dessus tout le bonheur et la consolation de ma vie.* »

Ce frère, dépositaire des dernières volontés d'Emmanuel, comte de Las Cases (Sainte-Hélène), est M. Barthélemy, baron de Las Cases (Sainte-Hélène). Né en 1811, il étudiait pour entrer à l'École polytechnique et de là passer dans la marine, lorsque la révolution de 1830 éclata. Il combattit vaillamment pendant les trois journées de juillet, fut blessé, nommé officier et décoré. Il demanda à changer son grade d'officier dans l'armée pour celui d'élève dans la marine. Cette carrière avait pour lui, non seulement tout l'attrait que donne la vocation, mais elle avait encore le mérite d'avoir été noblement parcourue par quatre de ses oncles maternels, messieurs de Kergariou. Il servit quatorze années sous les yeux de nos plus braves amiraux. Il fut aide-de-camp des amiraux Duperré et Roussin : commanda en 1840 la station de Constantinople et fût décoré en récompense de la fermeté avec laquelle il avait su, dans une circonstance difficile, forcer le commandant d'un bâtiment de la marine impériale russe à respecter le pavillon français. Après la mort de son vénérable père, il donna sa démission et vint diriger un établissement houiller que son frère possédait en Anjou. Cet établissement doit à son intelligence, aux ressources de son esprit, à son activité, à sa parfaite administration, l'état de prospérité dans lequel il se trouve aujourd'hui. Cet heureux résultat ne sert pas seulement à faire la fortune de quelques individus, il porte plus loin ses bienfaits et jette dans le département de Maine-et-Loire le mouvement, la vie, la richesse. Le pays tout entier, qui entoure de son estime et de son affection M. Barthélemy de Las Cases, le verrait entrer avec joie dans la carrière politique où son passé lui assure une place brillante et où son nom et sa position actuelle l'appellent tout naturellement.

M. Barthélemy, baron de Las Cases (Sainte-Hélène), est devenu par la mort de son frère le chef de la maison de Las Cases (Sainte-Hélène).

ARMES : *D'or à la bande d'azur et à la bordure de gueules.*

Paris. — Typ. d'Aubusson et Kugelmann, rue Grange-Batelière, 13.

www.ingramcontent.com/pod-product-compliance
Lightning Source LLC
LaVergne TN
LVHW010220230826
846091LV00008BB/3608

* 9 7 8 2 0 1 6 1 8 2 8 5 7 *